Franziska Dedow

# Mediengeschichte, Bildungsgeschichte, Textsortenentwicklung im 15. Jahrhundert – am Beispiel von Paracelsus

GRIN Verlag

**Bibliografische Information der Deutschen Nationalbibliothek:**

Die Deutsche Bibliothek verzeichnet diese Publikation in der Deutschen National-
bibliografie; detaillierte bibliografische Daten sind im Internet über http://dnb.d-
nb.de/ abrufbar.

**Impressum:**

Copyright © 2007 GRIN Verlag, Open Publishing GmbH
Druck und Bindung: Books on Demand GmbH, Norderstedt Germany
ISBN: 978-3-640-68098-6

**Dieses Buch bei GRIN:**

http://www.grin.com/de/e-book/155941/mediengeschichte-bildungsgeschichte-
textsortenentwicklung-im-15-jahrhundert

**GRIN - Your knowledge has value**

Der GRIN Verlag publiziert seit 1998 wissenschaftliche Arbeiten von Studenten, Hochschullehrern und anderen Akademikern als eBook und gedrucktes Buch. Die Verlagswebsite www.grin.com ist die ideale Plattform zur Veröffentlichung von Hausarbeiten, Abschlussarbeiten, wissenschaftlichen Aufsätzen, Dissertationen und Fachbüchern.

**Besuchen Sie uns im Internet:**

http://www.grin.com/

http://www.facebook.com/grincom

http://www.twitter.com/grin_com

# Universität Potsdam

Institut für Germanistik

Ausarbeitung eines Referates

Thema:    Mediengeschichte, Bildungsgeschichte, Textsortenentwicklung
im 15. Jahrhundert – am Beispiel von Paracelsus

# Inhaltsverzeichnis

# 1. Einleitung

Grundlage dieser Arbeit ist ein Referat zu dem Thema „Mediengeschichte-Bildungsgeschichte- Textsortenentwicklung im 15. Jahrhundert".

Durch die Einführung des Beschreibstoffes Papier, der zunehmenden Verwendung von Lesebrillen in der deutschen Bevölkerung und die Rationalisierung des Buchdruckes durch Johannes Gutenberg wurde im Europa der frühen Neuzeit eine mediengeschichtliche Umwälzung ausgelöst. Der ersten Medienrevolution, die zur Folge hatte, dass der Wandel von Mündlichkeit zur Schriftlichkeit abgeschlossen wurde, folgte nun die zweite, von den skriptographischen zu den typographischen Medien.

Die ersten Anfänge einer eigenständigen deutschen Wissenschaftssprache wurden feststellbar und die Abkehr vom herkömmlichen Gelehrtenlatein immer deutlicher. Theophrastus Bombastus von Hohenheim, der sich selber Paracelsus nannte, zählte zu den innovativen Personen, welche verantwortlich waren für die grundlegenden Veränderungen im 15. Jahrhundert. Er nimmt eine feste Position in der Entwicklung der deutschen wissenschaftlichen Fachsprachen ein und ist als Sprachschöpfer und Sprachvermittler an ihrer Herausbildung beteiligt.

Der revolutionäre Charakter seiner Person liegt daran, dass er seine Vorlesungen an der Universität in Straßburg, anstatt in Latein, in deutscher Sprache hielt. In seinen Schriften pendelte er zwischen volkssprachlichen Beschreibungen und lateinischen Fachausdrücken. Die bedeutungsvollsten Lebensabschnitte, welche ebenfalls zum Verständnis seiner Bedeutung für die Sprachgeschichte beitragen, werden im folgenden Kapitel vorgestellt. Zunächst wird die Frage beantwortet, inwieweit man bei Paracelsus von einer Sprachtheorie ausgehen kann.

Des Weiteren folgt eine Beschreibung der Besonderheiten und Neuerungen in seinen Werken bezogen auf die Fachsprache, den Fachwortschatz und dem fremdwörtlichen Fachwortschatz.

Abschließend wird das Wirken und Schaffen des Paracelsus dargelegt und bewertet.

## 2. Paracelsus- ein kurzer biographischer Abriss

Paracelsus wurde mit aller Wahrscheinlichkeit 1493 oder 1494 in der Schweiz geboren. Seine Familie gehörte einem urkundlich nachweisbaren Adelsgeschlecht an. In insgesamt zwölf Jahren studierte er als fahrender Scholar an französischen, italienischen und deutschen Universitäten. Nach seiner Promotion 1516 zeigte er sich jedoch unbefriedigt über die erlernten Schulweisheiten. Es folgten weitere Wanderjahre, in denen er u.a. bei Alchemisten, Badern, Kräuterweiblein, Scharfrichtern, Hermetikern nach Erfahrungsberichten und Erkenntnissen suchte. Er nahm als Wundarzt an Kriegen teil und schrieb seine Gedanken nieder und so entstand 1520 sein erstes Werk: Volumen Paramirum, welches er in deutscher Sprache verfasste.[1]

1527 gelangte Paracelsus nach Basel. Dort wurde er als Stadtarzt und Professor an die Universität berufen. Seine Vorlesungen, die er in deutscher Sprache hielt, beruhten auf eigenen Erfahrungen statt auf Schriften von Klassikern wie Hippokrates, Galen und Avicenna, dessen weitverbreitetes Handbuch er sogar öffentlich verbrannte.[2] Damit verstieß er nicht nur gegen die Tradition, Vorlesungen in Latein zu halten, sondern opponierte auch gegen das scholastische Wissenschaftsverständnis. Dieses Verständnis besagt, dass die Schriften der Autoritäten kopiert, bewahrt, ausgelegt, kommentiert, aber nicht prinzipiell in Frage gestellt und vor allem nicht vernichtet werden können.

Inhaltlich bedeutende Erkenntnisse trug er in seinen Vorlesungen in eigensinniger Form sowie unter der Verwendung einer neuen Ausdrucksweise vor, welche sich in einer angedeuteten Neubildung inhaltsreicher, aber schwer verständlicher Fachausdrücke wiederspiegelte. Die scholastisch gelehrten Professoren warfen ihm Sprachhemmung und mangelnde Kenntnis der medizinischen Terminologie vor und somit musste er Anfang 1528 seine Tätigkeit unehrenhaft beenden.[3]

In den folgenden dreizehn Wanderjahren entstanden zahlreiche seiner medizinisch - naturwissenschaftlichen sowie theologischen Werke, von denen die meisten erst nach seinem Ableben veröffentlich und gedruckt wurden.

1529 verweilte Paracelsus in Nürnberg. Der Druck seiner Schriften wurde dort vom Nürnberger Rat verboten. Der Grund liegt darin, dass Paracelsus Schriften verfasste, welche sich mit der zu dieser Zeit weitverbreiteten Krankheit Syphilis und deren

---

[1] Vgl. Deutschen Bombastus Gesellschaft (Hrsg.): Manuskripte, Thesen, Informationen. Heft 1., S. 3.
[2] Vgl. ebenda S. 3 ff.
[3] Vgl. Goldhammer, Kurt (Hrsg.): Paracelsus. Vom Licht der Natur und des Geistes, S. 12 ff.

angeblich falsche Behandlungsweise mit importiertem Guajakholz als Heilmittel durch Ärzte und Apotheker beschäftigten.[4]

1536 wurde jedoch eines seiner umfangreichsten und bedeutensten Werke - „Große Wundarznei"[5] - in Ulm und Augsburg vervielfältigt sowie veröffentlicht. Das Buch wurde in mehreren Auflagen gedruckt und verkaufte sich entsprechend den damaligen Verhältnisse gut.[6]

Mit nur 48 Jahren verstarb Paracelsus 1541 in Salzburg.[7]

---

[4] Vgl. ebenda S. 15.

[5] Das Werk ist eine medizinische Enzyklopädie, die all sein erworbenes Wissen und die neusten Erkenntnisse zusammenfasst. Es handelt sich dabei jedoch nicht um ein chirurgisches Werk, sondern größtenteils um eine Anleitung für Wundheilung sowie Wundkomplikationen.

[6] Vgl. Biegger, Katharina (Hrsg.): Paracelsus. Vom glückseligen Leben, S. 15.

[7] Vgl. Manuskripte, Thesen, Informationen, S. 4.

## 3. Sprachtheorie bei Paracelsus

Die Frage, ob bei Paracelsus von einer eigenen Sprachtheorie gesprochen werden kann kam auf, weil er in einigen seiner Werke auf die neue fachwissenschaftliche Terminologie hingewiesen hat, die verwendet wurden, um die bestehende Terminologie zu optimieren sowie zu ergänzen. Paracelsus äußert sich in seiner Schrift „Septem Defensiones" ausführlich über diese neuen fachlichen Ausdrücke und erklärt, warum deren Verwendung erforderlich ist.[8]

> „mich zu defendiren […], das ich […] fürhalt […] neue nomina ‚vor nie gebraucht, sonder durch mich geben, warum solchs beschehe? […] diese krankheiten seient von der arznei noch nie beschrieben"[9]

> „Warumb ich nit bleib bei den alten nominibus? wie kann ich die alten nomina brauchen, dieweil sie nicht gehen aus dem grunt, aus dem die krankheit entspringt […]. Mich bekümert das alein, den ursprung einer krankheit und seine heilung zu erfaren und den namen in das selbig zu concordiren"[10]

Eines der wichtigsten Anliegen des Paracelsus war, neu erforschten oder neu dargelegten Krankheiten die entsprechenden passenden Fachtermini zu geben, aus welchem die Krankheit und den Erkrankungsgrund deutlich zu erkennen sind: *„sie sollen namen haben, die da anzeigen die materi der krankheit"*[11].

Letztendlich war es aber nicht Paracelsus Absicht, eine spezifische Fachsprache zu entwickeln. Seiner eigenen Aussage folglich: *„ich schreib nicht von der sprach wegen, sonder von wegen der kunst meiner erfarenheit"*[12], ist zu erkennen, dass er keinen bestimmten Sprachstil verfolgte, sondern bestrebt war, sein Wissen verständlich weiterzugeben.

Zusammengefasst kann gesagt werden, dass es keine Fachsprachentheorie bei Paracelsus gibt. Die neuen Fachausdrücke sollen lediglich zu einer terminologischen Genauigkeit verhelfen, die dem Rezipient beim Umgang mit den Kranken dienlich sein soll.

---

[8] Vgl. Weimann, Karl-Heinz: Paracelsus und der Fachwortschatz der Artes mechanicae, in: Hoffmann, Lothar: Fachsprachen: ein internationales Handbuch der Fachsprachen und Terminologiewissenschaften (folgend HSK genannt), S. 2365.
[9] Paracelsus, Theophrast von Hohenheim, gen.: Sämtliche Werke. (kurz: PSW) Abt. 1: Medizinische, naturwissenschaftliche und philosophische Schriften. Hrsg. von Karl Sudhoff. Bd. 11, S. 131 ff.
[10] PSW, Bd. 11, S. 135 ff.
[11] PSW, Bd. 8, S. 143.
[12] PSW, Bd. 11, 152.

# 4. Die Sprache des Paracelsus

Im 15. und 16. Jahrhundert kam es nicht nur zu ereignisreichen Fortschritten in der Lebenswelt der Menschen, sondern auch in der Wissenschaft und in der Kunst. Das Zeitalter des Humanismus und der Renaissance, der großen geographischen Entdeckungen, aber auch die Zeit der erbarmungslosen Kriege trugen enorme Entwicklungen für die Menschen mit sich. Diese Ereignisse beeinflussten auch die Entwicklung der Sprache. Am Ende des 15. Jahrhunderts bzw. Anfang des 16. Jahrhunderts sind die ersten Ansätze einer deutschen Wissenschaftssprache zu erkennen, welche sich besonders in den mathematisch-naturwissenschaftlichen Schriften widerspiegelten. Ebenfalls entstanden volkssprachlich orientierte Wissenschaftssprachen. Die fachwissenschaftlichen Texte waren somit nicht mehr nur für die Rezipienten zugänglich, die das Lateinische beherrschten, sondern auch für die breitere Öffentlichkeit. Die antiken Autoren sowie ihre zahlreichen Werke wurden nicht mehr kritiklos hingenommen. Die Neuentdeckung von griechischen Schriften sowie die neuen Erkenntnissen führten folglich zu Zweifel an der zeitgenössischen Medizin.

Paracelsus, welcher als Neuerer der medizinischen Wissenschaften und Reformator der Heilkunst sowie des Ärztewesens gilt, versuchte die Entwicklung der deutschen Wissenschaftssprache voranzutreiben. Er verwendete in seinen Werken und Schriften eine Mischung aus deutschen Fachwörtern mit lateinischen Interferenzen sowie umgangsprachlichen und akademischen Wortschatz und Wortverbindungen. Ebenfalls war für Paracelsus die Vereinheitlichung und die Einführung einer neuen Fachsprache eine wichtige Aufgabe.

Diese entstandene frühneuzeitliche Sprachmischung soll im Folgenden näher betrachtet werden.

## 4.1. Fachwortschatz

Die Sprache des Paracelsus war dem schweizerisch-alemannischen Frühneuhochdeutschen angelehnt. Dabei muss aber literatur- und forschungskritisch angemerkt werden, dass in anderen Werken seine Sprachgebung: *„als* *frühneuhochdeutsch, im Gewand des Gemeinen Landdeutsch, mit dem Lautstand des Oberdeutschen, der Kaiserlichen Kanzleisprache"*[13] beschrieben wird.

In seinen Schriften sind oftmals deutsche Fachwörter und deutsche allgemeinwissenschaftliche Ausdrücke zu finden. Doch zahlreiche Termini sind keine Neuschöpfungen, sondern im deutschen Sprachgebrauch auch schon zuvor existent und lediglich nicht schriftlich niedergeschrieben. Durch Wortzusammensetzungen und Wortverbindungen prägte er auch viele Fachausdrücke selbst. Um nur einige Beispiel anzuführen: *hirnkrankheit* (PSW, Bd. 1, S. 84), *kriegswunde* (PSW, Bd. 7, S. 86) oder *spital arzet* (PSW, Bd. 7, S. 387). [14]

Aber auch unterschiedliche Ableitungen, hauptsächlich durch Verallgemeinerung von Substantiven mit Suffixen wie –keit (*spizsinnigkeit*/ PSW, Bd. 1, S. 102) und –ung (*auffressung*/ PSW, Bd. 10, S. 294) wandte er an.

Aus bereits existenten Grundwörtern formte Paracelsus neue Verben, indem er ihnen Präpositionen voranstellte. Beispiele wären hier: *ausrenken* (PSW, Bd. 8, S. 89) oder *einschinen* (PSW, Bd. 5, S. 438). Des Weiteren bildete er aus Substantiven oder Verben neue Adjektive. Dies geschah in dieser Form, dass er sie mit dem Suffix –isch (*baderisch*/ PSW, Bd. 2, S. 23) verband.[15]

Auch aus der dominierenden lateinischen Wissenschaftssprache übersetzte Paracelsus Begriffe. Ein Beispiel wäre hier das Nomen Chirrgie, welches übersetzt wurde mit *hantarznei*: *„Es heißt Leibarzt, der erkennt den Ursprung der Krankheiten zu verstehen und heißt Handarznei, lernen sie heilen, also soll die geteilt werden."*[16]

Einige seiner Fachausdrücke sind auch heute noch in der medizinischen Wissenschaftssprache zu finden. Ein Beispiel hierfür wäre die Bezeichnung *erbkrankheit* (PSW, Bd.7, S. 206) oder auch *frauenkrankheit*:

> *„Darum ist nun billig, fürzuhalten der Frauenkrankheit und Gesundheit in einer besonderen Monarchei, dieweil sie so weit von den Männern geschieden ist. Nicht allein der Brust, der Mutter halben, sondern auch wegen des ganzes Leibes, der von der Brust wegen, der matrix wegen, des menstrui wegen geschaffen ist."*[17]

Doch nicht nur durch Übersetzungen von Fremdwörtern entnimmt Paracelsus seinen Fachwortschatz. Auch die Umgangsprache sowie Mundarten, welche mündlich schon

---

[13] HSK, S. 2363.
[14] Vgl. HSK, S. 2363.
[15] Vgl. HSK, S. 2363 ff.
[16] PSW, Bd. 1, S. 341.
[17] PSW, Bd. 9, S. 191 f.

lange fassbar sind, finden bei ihm Verwendung. Ausdrücke aus den Berufsprachen der Volksmedizin und –botanik, von Badern, Bauern, Hebammen sogar von Bergleuten, Metallarbeitern etc. werden von Paracelsus entlehnt.[18]

## 4.2. Fremdwörtlicher Fachwortschatz

Zahlreiche Fremdwörter werden durch Paracelsus in die deutsche Wissenschaftssprache eingeführt und gebräuchlich. Mehrfach gebraucht er für seine Schriften den verfügbaren lateinischen Fachwortschatz. Von Weimann wird Paracelsus als „Sprachvermittler und Sprachschöpfer der frühen deutschen Wissenschaftssprache"[19] betitelt, da er seine Ausführungen durch Fremdwörter aus dem lateinischen, griechischen und arabischen Ursprung ergänzte.

Die natürliche Gestalt ändert er allerdings nicht bei allen Fremdwörtern: *praxis* (PSW, Bd. 2, S. 244) oder *embryo* (PSW, Bd. 2, S. 126). Bei Fachwörtern wie *impression* (PSW, Bd. 1, S. 135) oder *operaz* (PSW, Bd. 2, S. 444) setzte Paracelsus eingedeutschte lateinische Endsilben oder deutsche Endungen, wie bei *frabriciren* (PSW, Bd. 1, S. 56), *chronisch* (PSW, Bd. 1, S.50) oder *stimuliren* (PSW, Bd. 12, S. 198) an die entsprechenden Wörter. Eine weitere Methode war das Entfallen der Endungen, gleichsam bei *argument*: [20]

> *„Du sollst wissen, dass alle Krankheiten in fünferlei Weg geheilt werden. Und heben also an unser Arznei bei der Heilung und nicht bei den Ursachen, darum dass uns die Heilung die Ursach anzeigt. Auf das geht unser Argument, dass fünferlei Heilung sind."* [21]

---

[18] Vgl. HSK, S. 2364.
[19] Weimann, Karl-Heinz, 1933.
[20] HSK, S. 2364 ff.
[21] PSW, Bd. 1, S. 165.

9

# 5. Wirkung und Schaffen des Paracelsus- ein Fazit

Zu Paracelsus Lebzeiten war nur eine geringe Anzahl seiner Schriften, Aufsätze etc. im Druck erschienen. Ab 1560 erschien eine große Anzahl von seinen medizinischen, philosophischen und naturwissenschaftlichen Werken. Die theologischen Schriften dagegen sind überwiegend nur in Manuskripten verfügbar.

Paracelsus verwendete zahlreiche lateinische Ausdrücke und bildete folglich auch neue Ausdrücke. Er assimilierte das fremdsprachige Vokabular, übersetzte es und erfand neue deutsche Wörter. Diese neuartigen eingeführten Termini sind heutzutage nicht nur im deutschen Sprachgebrauch, sondern auch in anderen Sprachen zu finden, u.a. Gnom, Homunculus, Undine, metallisch, Gas etc.[22]

Joachim Telle fasst diese Annahmen ambivalent zusammen, dass: *„die Anzahl Paracelsischer Neologismen oder ererbter Termini, die Paracelsus mit neuer Bedeutung füllte [...] gering ist"*[23]. Andere Wissenschaftler, welche sich mit dem Phänomen Paracelsus befassten, schlussfolgern:

> *„Paracelsus habe die Sprache der Medizin, Alchemie und Pharmazie entscheidend beeinflußt, ja die deutsche Sprache für diese Wissenszweige eigentlich erst ausdrucksfähig gemacht"*[24].

Paracelsus schuf die Grundlagen eines Entwicklungsprozesses, welcher zu einer fortschrittlichen Naturwissenschaft und Medizin führte. Die von Paracelsus geschaffenen Fachausdrücke, die beständig in den medizinischen oder chemischen Fachwortschatz zugelassen wurden, sind ab dem 18. Jahrhundert in den gängigen Fachwörterbüchern für Medizin oder Chemie zu finden. Von seinen Wortneuschöpfungen sind dagegen nur vergleichsweise wenige Begriffe und Bezeichnungen erhalten geblieben.[25]

Zusammengefasst wird erkennbar, dass Paracelsus zu den bedeutensten sowie auch zu den umstrittensten Ärzten in der europäischen Renaissancezeit gehörte. Die Bedeutung Paracelsus kann wohl erst richtig gedeutet werden, wenn das bisher noch unerarbeitete

---

[22] Vgl. Pörksen, Uwe: Wissenschaftssprache und Sprachkritik. Untersuchungen zu Geschichte und Gegenwart, Tübingen 1994, S. 40 ff.

[23] Zitiert nach: Telle, Joachim: Die Schreibart des Paracelsus im Urteil deutscher Fachschriftsteller des 16. und 17. Jahrhunderts, S. 277.

[24] Zitiert nach: Rosenfeld, Hans-Friedrich, Humanistische Strömungen (1350-1600), S. 502, in: Telle, Joachim, S. 278.

[25] Vgl. HSK, S. 2366 ff.

Paracelsus-Wörterbuch fertiggestellt ist und den Beweis liefert, inwieweit Paracelsus den deutschen Fachwortschatz erweitert und eingebürgert hat.[26]

---

[26] Vgl. Pörksen, S. 41.

# 6. Literatur

Biegger, Katharina: Paracelsus. Vom glückseligen Leben, Salzburg und Wien 1993

Deutsche Bombastus Gesellschaft (Hrsg.): Manuskripte, Thesen, Informationen., Heft 1

Goldhammer, Kurt (Hrsg.): Paracelsus. Vom Licht der Natur und des Geistes, Stuttgart 1993

Telle, Joachim: Die Schreibart des Paracelsus im Urteil deutscher Fachschriftsteller des 16. und 17. Jahrhunderts, in: Benzenhöfer, Udo (Hrsg.): Paracelsus, Darmstadt 1993, S. 271-304.

Sudhoff, Karl (Hrsg.): Paracelsus, Theophrast von Hohenheim, gen.: Sämtliche Werke. Abt. 1: Medizinische, naturwissenschaftliche und philosophische Schriften. Bd. 1-14, München/Berlin 1922-33

Pörksen, Uwe: Wissenschaftssprache und Sprachkritik. Untersuchungen zu Geschichte und Gegenwart, Tübingen 1994

Weimann, Karl-Heinz, 1933

Weimann, Karl-Heinz: Paracelsus und der Fachwortschatz der Artes mechanicae, in: Hoffmann, Lothar: Fachsprachen: ein internationales Handbuch der Fachsprachen und Terminologiewissenschaften, Berlin 1999, S. 2361-2368.